BEI GRIN MACHT SICH IHR WISSEN BEZAHLT

- Wir veröffentlichen Ihre Hausarbeit,
  Bachelor- und Masterarbeit

- Ihr eigenes eBook und Buch -
  weltweit in allen wichtigen Shops

- Verdienen Sie an jedem Verkauf

Jetzt bei www.GRIN.com hochladen
und kostenlos publizieren

Niklas Rindtorff

Die Maslowsche Bedürfnishierarchie

Im Fokus: Der Deprivationsaspekt

GRIN Verlag

Bibliografische Information der Deutschen Nationalbibliothek:

Die Deutsche Bibliothek verzeichnet diese Publikation in der Deutschen National-
bibliografie; detaillierte bibliografische Daten sind im Internet über http://dnb.d-
nb.de/ abrufbar.

Dieses Werk sowie alle darin enthaltenen einzelnen Beiträge und Abbildungen
sind urheberrechtlich geschützt. Jede Verwertung, die nicht ausdrücklich vom
Urheberrechtsschutz zugelassen ist, bedarf der vorherigen Zustimmung des Verla-
ges. Das gilt insbesondere für Vervielfältigungen, Bearbeitungen, Übersetzungen,
Mikroverfilmungen, Auswertungen durch Datenbanken und für die Einspeicherung
und Verarbeitung in elektronische Systeme. Alle Rechte, auch die des auszugsweisen
Nachdrucks, der fotomechanischen Wiedergabe (einschließlich Mikrokopie) sowie
der Auswertung durch Datenbanken oder ähnliche Einrichtungen, vorbehalten.

Impressum:

Copyright © 2012 GRIN Verlag GmbH
Druck und Bindung: Books on Demand GmbH, Norderstedt Germany
ISBN: 978-3-656-50347-7

Dieses Buch bei GRIN:

http://www.grin.com/de/e-book/233566/die-maslowsche-beduerfnishierarchie

GRIN - Your knowledge has value

Der GRIN Verlag publiziert seit 1998 wissenschaftliche Arbeiten von Studenten, Hochschullehrern und anderen Akademikern als eBook und gedrucktes Buch. Die Verlagswebsite www.grin.com ist die ideale Plattform zur Veröffentlichung von Hausarbeiten, Abschlussarbeiten, wissenschaftlichen Aufsätzen, Dissertationen und Fachbüchern.

Besuchen Sie uns im Internet:

http://www.grin.com/

http://www.facebook.com/grincom

http://www.twitter.com/grin_com

Die Maslowsche Bedürfnishierarchie
- eine Theorie der Humanistischen Psychologie -
im Fokus: der Deprivationsaspekt

5

10

15 ## Inhalt

1

30 1. Abraham Maslow

Abraham Harold Maslow, einer der Gründervater der humanistischen Psychologie, wurde im April 1908 in dem armen Stadtteil Brooklyn, NY geboren.[1] Seine Eltern, jüdisch-ukrainische Immigranten trieben den Jungen zur stetigen Leistung, da sie sich eine bessere Zukunft für diesen erhofften. Sich selbst beschreibend, sagte der Psychologe, dass er eine sehr einsame und unglückliche Kindheit durchlebte.[2]

35 Der Beginn seines Schaffens in der Psychologie wurde durch die Immatrikulation an der Universität in Wisconsin-Madison gezeichnet. Im Vorfeld hatte der junge Maslow, den Erwartungen seiner Eltern Folge leistend, Jura in New York und Cornell studiert, doch danach, gegen ihren Willen, seine eigene Cousine Bertha Goodman geheiratet. Die beiden bekamen zwei Töchter.

Sein Interesse für Psychologie brachte ihn zu Harry Harlow, ebenfalls ein Forscher jüdischer Abstammung,

40 der sich einen Namen mit mehr oder weniger ethisch fraglichen Experimenten an Primaten zum Thema: Mutter-Kind Verhältnis gemacht hatte.[3] Ein Experiment, welches hierbei besonders hervorstach, war ein Versuch, in dem ein Rhesusaffen Jungtier in einen Käfig mit zwei Affenattrappen geführt wurde. Eine Puppe war mit einem Fell bespannt, während die Zweite nur aus kahlem Draht bestand, jedoch Milch geben konnte. Das Ergebnis, in dem klar wurde, dass dem Äffchen der Kontakt zur Mutterfigur meist, wenn es nicht gerade

45 hungrig war, wichtiger war, war verblüffend. Es bedeutete nämlich, dass ein Kind in jungen Jahren den Kontakt zur Mutter als essenziell verspürt, diesem aber jedoch immer noch den Erhalt von physiologischem Wohlbefinden unterordnet.[4] Es ist nicht bekannt, ob Harlows Versuchsergebnisse einen direkten Einfluss auf Maslows weiteres Schaffen hatte, doch lässt sich eine subtile Lenkung in die Richtung der Verhaltens- bzw. humanistischen Psychologie nicht verleugnen.

50 1934, knapp 5 Jahre vor dem Tod des bedeutenden Sigmund Freud, erhielt der damals noch junge Maslow seinen Doktortitel als Doktor der Psychologie. Trotz seines Schaffens an der Wisconsin-Universität ging er zurück in seine Geburtsstadt und arbeitete dort an Theorien, die das Sexualverhalten des Menschen erklären sollten.[5][6]

55 Doch war es vermutlich dieser Transfer, der zu Maslows größten Beiträgen in der modernen Psychologie führte. Der rege Kontakt mit aus Europa eingewanderten Intellektuellen und Freudianern, wie zum Beispiel Kurt Lewin[7][8], dem Begründer der sog. „Feldtheorie", gab ihm die Impulse, die er in Verbindung mit seinem eigenen Wissen, unter anderem 1943, zwei Jahre vor dem Ende des 2. Weltkrieges, in seiner Bedürfnishierarchie veröffentlichte.[9] 1970 starb Maslow im Alter von 62 Jahren an einem Herzinfarkt in

60 Kalifornien.

[1] http://de.wikipedia.org/wiki/Abraham_Maslow
[2] PHD C. George Boeree, Personality Theories; Shippensburg University, USA. Seite 3
[3] http://de.wikipedia.org/wiki/Harry_Harlow
[4] http://www.youtube.com/watch?v=hsA5Sec6dAI Sequenz von 1:37 bis 2:49
[5] http://de.wikipedia.org/wiki/Behaviorismus
[6] http://de.wikipedia.org/wiki/Edward_Lee_Thorndike
[7] Prof. Dr. Ulrich Mees, Einführung in die Motivations- und Handlungspsychologie; Universität Oldenburg, GE. Seite 42
[8] http://de.wikipedia.org/wiki/Feldtheorie_(Psychologie) sowie http://de.wikipedia.org/wiki/Kurt_Lewin
[9] http://de.wikipedia.org/wiki/Maslowsche_Bed%C3%BCrfnispyramide

2. Die Bedürfnishierarchie

Jenes Modell, heutzutage auch als „Bedürfnispyramide" bezeichnet gliedert sich in 5 Stufen.[10] Abhängig von
der jeweiligen Quelle ist jedoch auch noch die Addition einer weiteren, sechsten, Stufe zu beobachten, die
Maslow selbst, kurz vor seinem Tod, im Zuge seines Interesses in die „vierte Ordnung der Psychologie", der
65 transpersonalen Psychologie, hinzufügte. Diese ist die Stufe der Transzendenz. Zusammen mit der Stufe der
Selbstverwirklichung bilden sie die Spitze dieser Pyramide. Die Analogie einer Pyramide wurde gewählt, da
Maslows Modell ein lineares d.h. keine Sprünge zulassendes ist. Demnach kann ein Individuum sich auch
nur nach oben bzw. in gewissen Fällen auch nach unten auf dieser Skala der menschlichen Bedürfnisse
bewegen, aber keine der zu beschreibenden Stufen „überspringen" beziehungsweise „umgehen".

70 ### 2.1. Physiologische Bedürfnisse

Die erste Stufe dieses Modells ist die der **physiologischen Bedürfnisse**. Sie beschreibt alle Bedürfnisse eines
Individuums, die zum Leben und Überleben direkt notwendig sind. Dazu gehören offensichtliche Aspekte
wie Nahrung und Wasser, aber auch weniger eindeutige wie das Verlangen nach Wärme bzw. adäquater
Umgebungstemperatur, Schlaf, Bewegung und sogar Ausscheidung. Unter all diesen Punkten besteht immer
75 noch eine gewisse Reihenfolge der Dringlichkeit, doch ist diese nicht zu vergleichen mit der eigentlichen
Bedürfnishierarchie, da sie viel situationsabhängiger aufbaut ist. (So ist zum Beispiel der Mensch in einer
Wüste viel mehr an Wasser, als an Schlaf interessiert.)[11] [12]

---

[10] http://de.wikipedia.org/wiki/Maslowsche_Bed%C3%BCrfnispyramide
[11] PHD C. George Boeree, Personality Theories; Shippensburg University, USA. Seite 4 Abs. 4+5
[12] http://de.wikipedia.org/wiki/Maslowsche_Bed%C3%BCrfnispyramide#Beispiele_f.C3.BCr_die_5.C2.A0Stufen_der_Pyramide

2.2. Bedürfnis nach Schutz und Sicherheit

80 Zweitens, nach dem Erfüllen aller physiologischen, fundamentalen, Grundbedürfnisse, folgt das **Bedürfnis nach Schutz und Sicherheit**[13]. Diese Ordnung beinhaltet das Suchen nach einem sicheren Ort, Schutz, Regeln und Ordnung, wobei all diese Aspekte noch mehr physisch als psychisch beobachtet werden sollten. Ein Mensch, der all diese Bedürfnisse für sich erfüllt hätte, wäre nun in der Lage seinen Organismus am Leben zu erhalten und diesen gegen äußere Einflüsse zu schützen. Um einen Vergleich zum Autor selbst

85 herzustellen, lässt sich sagen, dass ich, als Mitglied einer westlichen Kultur in dieser Phase der Bedürfniserfüllung mich nach einer gesicherten Arbeit, einem sicheren Wohnort und einem Rückhalt für die Zukunft -in Form einer Versicherung- sehnen würde. Diese Wünsche klingen im Vergleich zu den Bedürfnissen anderer Menschen in anderen Kulturen gar lächerlich, doch passen sich Bedürfnisse und deren Spezifikationen an die Umgebung und deren Standards an.[14].

90 ## 2.3. Bedürfnis nach Liebe und Zugehörigkeit

Nach der Erfüllung solch physischer Bedürfnisse beginnt der Mensch psychische Erfüllung zu suchen. Diese dritte Stufe der maslowschen Bedürfnishierarchie bildet das sogenannte **Bedürfnis nach Liebe und Zugehörigkeit**[15]. Dieses entfernt sich von dinglichen Aspekten und beinhaltet den sich anbahnenden Wunsch nach Beziehungen zu Freunden, dem anderen Geschlecht und sogar Kindern. Doch auch weitere und größere

95 Felder wie der Wunsch nach (Sub)-Kulturidentifizierung, einer Gesellschaft oder einer Vereinigung von Menschen anzugehören, ist diesem Bedürfnis inbegriffen. Um einen weiteren Bezug auf mich anzustellen, gleicht diese Ebene meinen Wünschen nach Liebe, einer eigenen Familie und Kindern, aber auch in der Mitgliedschaft in etwaigen Vereinen und der Kirche.

Aus einer anderen, negativen Perspektive betrachtet wächst mit solchen Bedürfnissen aber offensichtlich

100 auch unsere Anfälligkeit für Einsamkeit und soziale Ängste.[16]

2.4. Bedürfnis nach Wertschätzung

Die vierte Stufe baut direkt auf den Bedürfnissen der vorhergehenden auf. Doch ist es nun nicht das Gefühl der Zugehörigkeit, welches größte Beobachtung erfährt, sondern das der Wertschätzung. Diese Gruppe, die **Bedürfnisse nach Wertschätzung**[17] gliedert sich in zwei Untereinheiten. Die erste Gruppe ist die sog.

105 **niedrigere Form**. Sie beschreibt das Erstreben des menschlichen Individuums eine höhere Stellung als andere einzunehmen. Dazu gehören Sachverhalte wie Status, Ehre (unabhängig von der kulturellen Definition), Ruhm, Anerkennung und sogar Dominanz.[18]

Doch dies ist nur ein kleinerer Teil dieser Stufe, da es für den Menschen, wichtiger und permanenter als alle äußeren Wertungen seiner Person, die eigene ist, welcher überaus große Bedeutung zuzuschreiben ist. Dieser

---

[13] „safety and security needs"
[14] PHD C. George Boeree, Personality Theories; Shippensburg University, USA. Seite 5 Abs. 1
[15] „love and belonging needs"
[16] PHD C. George Boeree, Personality Theories; Shippensburg University, USA. Seite 5 Abs. 3
[17] „esteem needs"
[18] PHD C. George Boeree, Personality Theories; Shippensburg University, USA. Seite 5 Abs. 4

110 Teil der Selbstwertschätzung beschreibt Maslow als die **höhere Form**[19].

2.5. Die „D-Needs"

Maslow nutzt diese vier Grundbedürfnisse, das physiologische Bedürfnis sowie die Bedürfnisse nach Schutz und Sicherheit, nach Liebe und Zugehörigkeit und nach Wertschätzung, nicht nur im Kontext, des Vollendigkeitsbestrebens, sondern auch im Bereich der psychologischen Defekte bzw. Störungen. So kann
115 nach Maslows Theorie eine psychische Störung auf eine Fehlentwicklung in einem dieser Stadien zurückgeführt werden. Diese Anwendung macht Sinn, wenn jeweils die möglichen negativen Folgen einer jeden Bedürfnisstufe nochmals genau beobachtet werden. So sind, nachtragend zum vierten Punkt, in der westlichen Welt meist alle existenziellen Bedürfnisse gedeckt, doch das letzte dieser Bedürfnisse kann bei ausbleibender Erfüllung viele, nach Alfred Adler sogar alle bekannten psychologischen Krankheiten
120 verursachen. Demnach ist es eine Angelegenheit des eigenen Respekts vor sich selbst und dem Anderer vor der eigenen Person, die, bei mangelhafter Ausprägung, die Bildung solcher Krankheiten begünstigen bzw. verursachen.[20 21]

Aufgrund der Tatsache, dass diese ersten vier Stufen bei schlechter oder mangelnder Erfüllung, psychische und physische Defekte oder Defizite verursachen, nennt Maslow diese **D-Needs**[22] oder **Defizitbedürfnisse**.[23]
125 Er beschreibt sie als einen Zustand der Homöostase, in der nach dem Wegfall eines Erfüllungszustandes der Wunsch nach dem jeweiligen Bedürfnis als kompensierende Reaktion aufkäme. Im Normalzustand, in dem alle D-Needs erfüllt (befriedigt) sind, sind keine Bedürfnisse und Wünsche für den jeweiligen Menschen verspürbar, sie sind inaktiv.[24] Der Mensch befindet sich in einem Zustand der akuten Zufriedenheit.

2.6. Die „B-Needs"

130 Es sind Menschen, die mehr wollen, die Dinge in ihrer gesamten Beschaffenheit und Komplexität begreifen wollen, die die letzte Stufe des älteren Modells erreichen bzw. ein Bedürfnis verspüren, dieses zu erreichen. Diese Stufe, das **Bedürfnis der Selbstverwirklichung**[25] , die Motivation sich zu entwickeln, nennt er auch **B-Needs**[26]. Diese B-Needs unterscheiden sich von den zuvor beschriebenen D-Needs in der Art und Weise, dass sie weniger wichtig für das gesunde Leben des Menschen sind und deshalb als weniger dringend
135 empfunden werden, aber ihre Erfüllung als „*subjektiv* [...] *positiver erlebt*"[27] wird. Der Meinung vieler Personen nach, ist diese positivere Befriedigung mit dem finalen Finden des Glücks zu vergleichen[28]. Menschen, die sich selbst verwirklicht haben, haben als notwendige Voraussetzung alle D-Needs erfüllt[29] und

---

[19] PHD C. George Boeree, Personality Theories; Shippensburg University, USA. Seite 5 Abs. 4
[20] PHD C. George Boeree, Personality Theories; Shippensburg University, USA. Seite 5 Abs. 6
[21] http://de.wikipedia.org/wiki/Alfred_Adler#Menschenkenntnis
[22] „Defizitbedürfnisse"
[23] PHD C. George Boeree, Personality Theories; Shippensburg University, USA. Seite 6 Abs. 1
[24] Prof. Dr. Ulrich Mees, Einführung in die Motivations- und Handlungspsychologie; Universität Oldenburg, GE. Seite 44
[25] PHD C. George Boeree, Personality Theories; Shippensburg University, USA. Seite 7 Abs. 1
[26] „being needs"
[27] Prof. Dr. Ulrich Mees, Einführung in die Motivations- und Handlungspsychologie; Universität Oldenburg, GE. Seite 45
[28] http://www.pursuit-of-happiness.org/history-of-happiness/abraham-maslow/
[29] Bourne, Lyle E.: Einführung in die Psychologie. Eschborn: Klotz, 1992. S. 283.

darüber hinaus ihr Leben lang das Ziel verfolgt, das allerhöchste und allerbeste aus ihnen selbst zu formen[30].

Maslow sagte einst zu diesem Thema: „*What a man can be, he must* [...] *to be ultimatly at peace with*
140 *himself*"[31] [32]. Mit diesem Zitat drückte Maslow die Hauptidee seines Modells aus: Die Grundlage für ein
Gefühl der Vollkommenheit und ein daraus folgendes Glücksgefühl ist die Selbsterfüllung, also die
Ausreizung aller einem Menschen zu Verfügung stehenden geistigen Ressourcen. Er konnte diesen
Sachverhalt, mithilfe der von ihm entwickelten biografischen Analyse, eine Methode in der er die
Lebensläufe vieler Menschen, die er als selbstverwirklicht sah, auf Gemeinsamkeiten untersuchte und diese
145 als Kriterien weiterdefinierte, sehr genau beschreiben. Die doch berechtigte Frage zu erläutern, ob diese
Verfahrensweise wissenschaftlich vertretbar ist, ist nicht mein Anliegen, da das Volumen dieses Portfolios zu
begrenzt ist.

2.7. Die Transzendenz

Maslow kreierte eine weitere, sechste Stufe, die über der der Selbstverwirklichung steht. Sie ist die
150 sogenannte **Transzendenz**. Dieser Begriff beinhaltet alle Erfahrungen außerhalb des eigenen Seins. Der
Mensch begreift sich als einen kleinen Teil eines großen Ganzen und entwickelt dann eventuell eine
spirituelle Weltansicht.[33] Maslow selber definierte nie eine Persönlichkeit, die diese Stufe erreichte; selbst
Persönlichkeiten wie Mahatma Gandhi gehörten für ihn in die Gruppe der Selbstverwirklichten, nicht der der
Transzendenten.[34]
155

---

[30] Im Psychologie Unterricht behandelter Sachverhalt
[31] Prof. Dr. Ulrich Mees, Einführung in die Motivations- und Handlungspsychologie; Universität Oldenburg, GE. Seite 43
[32] http://en.wikiquote.org/wiki/Abraham_Maslow
[33] http://nlpportal.org/nlpedia/wiki/Maslowsche_Bed%C3%BCrfnishierachie
[34] PHD C. George Boeree, Personality Theories; Shippensburg University, USA. Seite 7 Abs. 7

3. Perspektiven der Deutung

Zurückblickend auf die Bedürfnishierarchie in ihrer gesamten Komplexität, sind ein paar erklärende als auch erweiternde Fakten zu nennen. So lässt sich Maslows Modell aus einer Vielzahl von Perspektiven betrachten. Zum Beispiel aus der der menschlichen Entwicklung selbst. Die Steigerung und Spezialisierung der
160 Bedürfnisse ist gleichzusetzen mit der phylogenetischen[35] Weiterentwicklung des Menschen. So wurden die Bedürfnisse der oberen Ränge erst viel später in der Human-Evolution für den Menschen wichtig. Daraus folgt, dass ein Mensch der versucht sich selbst zu verwirklichen, dem normalen Bild eines Menschen ähnlicher scheint, als einer, der sich einem Tier ähnlich, nur um seine Nahrungsbeschaffung und Sicherheitsbewahrung sorgen kann.[36]
165 Nicht nur in der Entwicklung der gesamten Menschheit sind diese Bedürfnisse, chronologisch gesehen, in aufsteigender Reihenfolge vorgekommen, sondern auch in der Entwicklung des einzelnen Menschen, vom Neugeborenen bis zum Greis, wird dasselbe Schema bis heute sichtbar.[37]

3.1. Deprivation

Dieses ausführlich beschriebene Modell soll nun im Kontext mit einem Begriff gesetzt werden, den Maslow
170 eher nebensächlich erwähnte. Den der **Deprivation**. Dieser Begriff, der einen Teil der Frustration beschreibt, definiert alle Ereignisse, die nicht nur einen sachlichen Mangel oder Verlust bedeuten, sondern einen persönlichen. So ist der Verlust eines Elternteils in jungen Jahren eine Deprivation, in dem das Kind nicht nur eine Aufsichtsperson, sondern auch einen elementaren Teil seiner interpersonellen Beziehungen, das heißt eine Bezugsperson, verliert.[38]
175 Ein weiteres, geeignetes Beispiel ist der Fall, in dem ein Mensch in Kriegszeiten aufwächst. Eben dieser wird höchstwahrscheinlich eine Vielzahl von Deprivation erlitten haben und demzufolge im Verlauf seines späteren Lebens viele Ängste bezüglich des Verlusts von Menschen und Mitteln erfahren.[39]
Und genau zu diesem Zeitpunkt lässt sich ein Zusammenhang zwischen der Deprivation und der maslowschen Bedürfnishierarchie feststellen. Es ergibt sich nämlich, dass ein jeder Mensch nach seiner
180 Geburt diese Hierarchie linear durchläuft. Das heißt, dass zuerst für sein leibliches Wohl gesorgt wird und kurz darauf bereits die Bindung zu Mutter und Vater eine sehr wichtige Rolle einnimmt. Kommt es nun in der Zeitspanne der D-Needs-Erfüllung zu traumatischen Erlebnissen wie einem Nahrungsmangel, einer Trennung oder einem Verlust, so reagiert der Mensch mit einer Deprivation. Jene zieht sich nun durch alle weiteren Lebensabschnitte hindurch und die betroffene Person wird, selbst in Situationen totaler
185 Bedürfnisbefriedigung, immer ein Verlustgefühl oder eine Verlustangst zu genau einem Bereich, dem Bereich der zuvor eingetretenen Deprivation, haben.
So ist eine Deprivation in jüngeren Jahren nicht nur ein (zumindest partielles) Zurückbleiben auf der

[35] stammesgeschichtlichen
[36] Prof. Dr. Ulrich Mees, Einführung in die Motivations- und Handlungspsychologie; Universität Oldenburg, GE. Seite 44
[37] Prof. Dr. Ulrich Mees, Einführung in die Motivations- und Handlungspsychologie; Universität Oldenburg, GE. Seite 45
[38] Deprivation, Threat and Frustration; A.H. Maslow (1941); Brooklyn College; Psychological Review; 48, 364-366
[39] PHD C. George Boeree, Personality Theories; Shippensburg University, USA. Seite 7 Abs. 1

Bedürfnishierarchie, sondern auch ein bremsender Faktor auf dem Weg der Selbstverwirklichung, die durch diesen sogar in unerreichbare Ferne gebracht werden kann.

190 Bei genauerer Betrachtung des zuvor beschriebenen Modells, dass ein Erlebnis in der Entwicklungsgeschichte eines Individuums einen bleibenden und sowohl auch direkten Einfluss auf die psychische Gesundheit desgleichen haben kann, fällt auf, dass eine Vielzahl von Zusammenhängen zur Freuds Theorie der Psyche bestehen. Besonders in einem Punkt zeigen die beiden Psychologen gemeinsame Theorien. In dem der **Neurose**.

195 Maslow setzt sie in direkte Verbindung mit seiner Deprivation. Kam es zu einer solchen, so kann sich daraus eine Neurose als Folge entwickeln. Ein Zustand, in dem die Lebensqualität des Individuums durch Hemmungsfaktoren und Verlustängste nachhaltig verringert wird. Es fällt ein für die Psychoanalyse typischer Bezug auf die (Entwicklungs-) Vergangenheit des Individuums auf. Freud definiert seine Neurose an einer Repression der Es-Bedürfnisse, doch geht wie bereits erwähnt bei der Analyse dieser auf die Vergangenheit

200 des zu behandelnden Patienten ein. So sind die Ursachen einer Neurose aus Sicht der beiden Größen der Psychologie unterschiedlich, doch die Vorgehensweisen und die Entstehungszeitpunkte ähneln sich stark. Diese Relation ist höchstwahrscheinlich auf den regen Kontakt zwischen Maslow und europäischer Freudianern zurückzuführen.

Trotz dieser Ähnlichkeiten kann der Vergleich oder gar die Gleichsetzung der beiden Hypothesen nicht ohne

205 weiteres angestellt werden, da sich beide auf völlig unterschiedlichen Ebenen der Psychologie bewegten. Freud auf der von ihm geprägten Freudianischen oder Tiefenpsychologie und Maslow auf der Humanistischen oder später der transpersonalen Psychologie.[40] Im Zusammenhang mit den Differenzen zwischen den Lebenswerken der beiden Psychologen sagte Maslow einst: „ *Freud hat uns die kranke Hälfte der Psychologie geliefert, die wir jetzt mit der gesunden Hälfte* [der Humanistischen Psychologie

210 (Anmerkung des Autors.)] *ergänzen müssen.*"[41].

---

[40] PHD C. George Boeree, Personality Theories; Shippensburg University, USA. Seite 9 Abs. 5

[41] Prof. Dr. Ulrich Mees, Einführung in die Motivations- und Handlungspsychologie; Universität Oldenburg, GE. Seite 42

4. Fazit

Den Menschen als ein Individuum zu begreifen, das bestimmte Bedürfnisse zu erfüllen versucht und durch Rückschläge nachhaltig beeinflusst wird, hilft oft gewisse Dinge unseres Alltags zu verstehen. So ist es der
215 Sinn des Lebens, den viele, vor allem in jungen Jahren zu verstehen versuchen. Der Biologe würde sagen, dass es der Zweck des Menschen sei, seine eigene Rasse eine Generation weiterzuführen und die Größe der Population, durch das Zeugen von min. 2 Nachkommen zu erhalten oder sogar zu vergrößern. Doch dies kann für jeden in einer Kultur eingegliederten Menschen nicht das Ende der Geschichte sein und hier kommt Maslows Theorie ins Spiel. Er liefert mit seiner Hierarchie nicht nur eine weitere Auffächerung der
220 Daseinsgründe bzw. Bedürfnisse, sondern stellt diese sogar in eine Reihenfolge, wobei die „unteren" in ihrer Bedeutung unter den „oberen" stehen, aber umso essenzieller und notwendiger sind, um vollständige *Lebensbefriedigung* zu erfahren.

Es gibt zwar viele Ideen und Meinungen zu dem Sinn oder den wichtigen Dingen des Lebens, so bleibt es
225 jedoch jedem Menschen selbst überlassen, welchen Dingen er innerhalb seines zu kurzen Lebens besondere Bedeutung zukommen lassen will. Maslow liefert dabei ein Konzept wie man, während dem Erreichen dieser Ziele zu Glück kommen kann bzw. welche Dinge für genau dieses essenziell sind.

Das Konzept besagt im übertragenen Sinne, dass ein Mensch, so ehrgeizig er auch sein mag, nie die Chance haben wird an dem Erreichen dieser Ziele Glück bzw. Selbstverwirklichung zu finden, wenn er nicht,
230 abgesehen von den körperlichen Bedürfnissen, Beziehungen zu anderen Menschen pflegt, Respekt erntet, diesen auch vor anderen zeigt und lieben kann.